AF322135

NOTICE BIOGRAPHIQUE

SUR

JACQUES-PIERRE POINTE.

Ln27/16413

NOTICE BIOGRAPHIQUE

SUR

JACQUES-PIERRE POINTE

CHEVALIER DE L'ORDRE IMPÉRIAL DE LA LÉGION-D'HONNEUR

PROFESSEUR HONORAIRE DE CLINIQUE MÉDICALE

A L'ÉCOLE DE MÉDECINE DE LYON

PAR

J.-P. BOURLAND-LUSTERBOURG

DOCTEUR EN MÉDECINE

ANCIEN CHEF DE CLINIQUE MÉDICALE A L'ÉCOLE DE MÉDECINE

DE LYON.

BIBLIOTHÈQUE IMPÉRIALE IMPR.

DÉPÔT LÉGAL
Rhône
N° 851
1861
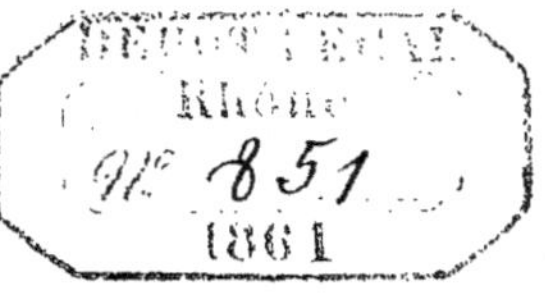

LYON

IMPRIMERIE D'AIMÉ VINGTRINIER

QUAI ST-ANTOINE, 35

—

1861

NOTICE BIOGRAPHIQUE

SUR

JACQUES-PIERRE POINTE.

Jacques-Pierre Pointe était fils d'un médecin distingué de Lyon ; son père, Honoré-Joseph Pointe, originaire de Grasse, était un ancien élève de l'Hôtel-Dieu, plusieurs fois couronné par l'Administration (1), pendant la durée de son internat. Fixé dans notre ville, il y avait épousé, en 1780, M{^lle} Marie Davin, dont la famille avait fourni à Lyon plusieurs échevins. De ce mariage naquit (2) un fils destiné, avant sa naissance,

---

(1) Entre autres productions de l'internat d'H.-J. Pointe, nous devons citer son *Essai sur la pourriture d'hôpital*, imprimé en 1768, monographie bien supérieure, au point de vue scientifique, à la plupart des écrits chirurgicaux de la même époque.

(2) 2 septembre, 1787.

à suivre la même carrière que son père ; malheureusement pour cet enfant, surgirent les événements de
1793. Quelque réserve que mît J. Pointe dans l'expression de ses opinions, il ne put refuser ses soins aux
blessés du siége ; poursuivi pour ce fait, incarcéré,
puis rendu à la liberté, il finit par être lâchement
assassiné par l'un de ceux qui avaient dénoncé sa
conduite.

En 1797, et à l'âge de dix ans, J.-P. Pointe restait
donc orphelin ayant, pour seul appui, une mère que
la tourmente révolutionnaire avait à la fois privée de
sa fortune, et des parents qui auraient pu l'aider dans
l'œuvre difficile d'élever son fils.

A cette époque, marchait en tête de la médecine
lyonnaise un homme qui toujours l'honorera ; Marc-
Antoine Petit, avait été l'élève particulier d'H.-J. Pointe ;
chez cet homme d'élite, la science s'alliait aux sentiments les plus généreux ; aussi s'empressa-t-il de rendre
à la veuve et au fils de son ancien maître tous les services qu'ils pouvaient attendre de l'ami le plus dévoué.
Par ses soins, l'éducation littéraire de J.-P. Pointe, fut
confiée à un ex-oratorien, M. Gourju, qui réunissait,
chez lui, l'élite de la jeunesse contemporaine (1). Bien

(1) Il y avait alors chez M. Gourju : Perisse aîné, qui continua si
dignement les traditions des anciens imprimeurs lyonnais ; M. Léon
de Lonchamp, plus tard conseiller à la cour ; MM. Millon, Victor

que M. Gourju n'admît à ses leçons qu'un petit nombre d'élèves, et que cet enseignement privé n'offrît ni l'organisation, ni l'émulation des établissements universitaires de notre époque, Pointe contracta chez ce maître des habitudes d'ordre et de travail qu'il conserva toute sa vie.

Ces études littéraires durèrent jusqu'en 1805 ; alors devinrent bien plus efficaces pour le jeune Pointe les soins dont l'entourait M.-A. Petit ; car ce fut sous sa direction immédiate qu'il commença ses études anatomiques et chirurgicales.

L'illustre chirurgien lyonnais rêvait de hautes destinées pour le fils de celui qui l'avait abrité sous son toit! En 1807, il le fait partir pour Paris, et deux ans après (1809), J.-P. Pointe, candidat du concours pour l'internat, était nommé parmi les premiers ; lauréat de l'Administration des hôpitaux et de l'Ecole pratique, prosecteur particulier du professeur Roux, qui commençait sa longue et brillante carrière, il eut l'honneur d'être désigné sur la demande de MM. Alibert et Richerand, comme chef de service d'une salle de médecine, pendant les derniers six mois de son internat.

Pendant cette période de trois années (1809 à 1812),

Arnaud, de Bénévent, Clément Reyre enfin, qui a consacré la plus belle et la plus active partie de son existence à l'Administration de notre cité.

J.-P. Pointe fut le collègue de MM. Delpech, Béclard, Moreau, Chomel, etc.... Il fut successivement l'interne de MM. Richerand, Alibert, Boyer, Fouquet et Roux, mais ce qui est plus honorable pour lui, c'est qu'il devint et resta l'ami de tous ces hommes éminents.

Le 12 août 1812, il soutint sa thèse pour le doctorat (1); toute chirurgicale, cette thèse était évidemment le premier jalon posé dans une carrière dont les événements modifièrent bientôt la direction première. Inspirée par M.-A. Petit, la thèse de Pointe ne lui fut point dédiée, la dédicace en fut offerte à Lemontey, de l'Académie française (2). Cet oubli du jeune docteur vis-à-vis de la mémoire de son premier protecteur, s'explique jusqu'à un certain point! Le chirurgien de l'Hôtel-Dieu était mort en 1811, et cette mort qui avait été un deuil pour la cité lyonnaise tout entière, remettait en question l'avenir de Pointe; M.-A. Petit vivant, jamais il ne lui serait venu à la pensée de se fixer ailleurs qu'à Lyon; cet appui disparu, il prit immédiatement la résolution de tenter la fortune à Paris. Le patronage de Corvisart et de Richerand qui

---

(1) *Des fistules en général.*

(2) Lemontey était allié de la famille Pointe, il était cousin de ce dernier. Bien que sa protection ne se fût exercée, pour le jeune étudiant, que dans des limites assez restreintes, ce dernier n'en conserva pas moins le souvenir pendant toute sa vie.

le chargeaient de visiter leurs malades, ses succès scolaires, de bonnes relations encourageaient Pointe; six années de séjour l'avaient naturalisé à Paris, et son parti était pris, lorsque des raisons de famille l'obligèrent à y renoncer.

Mme Pointe réclamait son fils! Que de regrets et de désenchantements pour un jeune homme de vingt-cinq ans ! il lui fallait résister aux instances de Percy et de Desgenettes auxquels il avait été recommandé par M.-A. Petit, pour ne point suivre dans leur enthousiasme une foule de ses camarades que l'expédition de Russie entraînait avec elle. Sa mère était là; il lui sacrifia la perspective brillante que semblait promettre cette campagne à sa jeune imagination.

Une fois déterminé à rompre avec tous ces rêves, Pointe se mit à l'œuvre; de retour à Lyon, il y trouva les affaires de sa mère fort embrouillées, difficiles à régler, une parenté réduite par les événements politiques, des relations refroidies par l'absence, l'isolement enfin, au lieu du tourbillon qui l'entraînait à Paris.

Les frais nécessités par les études de son fils avaient augmenté la gêne dans laquelle Mme Pointe s'était trouvée à la mort de son mari. Peu occupé comme tout médecin qui débute et qui n'est pas dans des conditions exceptionnelles de succès, Pointe songea à sa mère et voulut lui venir en aide; dans ce but, il ouvrit des cours d'anatomie et de pathologie; l'Ecole de Lyon n'était point encore organisée et à cette époque déjà, bon nombre de cours particuliers suppléaient à l'insuffisance de l'enseignement de l'Hôtel-Dieu (1).

Ajoutons qu'à cette époque, comme de nos jours, l'enseignement libre tenait en haleine les candidats se destinant aux concours, en ajoutant aux connaissances acquises pendant leur scolarité ; Pointe en fut un exemple, il fut nommé premier au concours des médecins de l'Hôtel-Dieu, en 1817.

A peine eut-il pris possession de son service, qu'il donna carrière à son activité ; suivant lui, les cahiers de visite étaient insuffisants et incommodes , il demanda et obtint leur remplacement par les feuilles encore en usage aujourd'hui , qui ont le précieux avantage de conserver fidèlement l'historique de la maladie de chaque individu, et des prescriptions quotidiennes qu'elle a nécessitées.

L'habitude du travail et le désir que Pointe avait de conquérir une place honorable parmi ses concitoyens, lui firent dès-lors entreprendre une série de publications, qu'il continua jusqu'à ce que la mort vînt interrompre ses veilles laborieuses. Le premier opuscule qu'il publia fut une Notice historique sur les médecins de l'Hôtel-

(1) Le fils de M.-A. Petit suivit ces cours et compta, parmi ses condisciples, élèves particuliers de Pointe comme lui, Janin de Combe-Blanche, Chanel, Corbin d'Orléans, Matthieu Bonafous......

Dieu (1), lue en séance publique du conseil d'Administration, le 4 mai 1825. Ce tribut payé à la mémoire
des hommes qui l'avaient précédé dans ce même
hôpital, jette une vive lumière sur un côté du caractère
de Pointe, qui n'a pas été assez apprécié pendant sa
vie. Il était difficile de conquérir son amitié, mais nul
plus que lui ne sut en tenir les promesses, et en conserver le souvenir ; les publications qui suivirent la
Notice historique sur les médecins de l'Hôtel-Dieu, sont
toutes des tributs payés à ce sentiment ; les éloges de
J.-B. Desgranges, de Jean Janin de Combe-Blanche,
celui de Maléchard (2), la notice sur Legendre Hérald,
celle qu'il écrivit sur son père H.-J. Pointe sont autant
de témoignages qui prouvent combien il sentait vive-
ment, et attachait de prix aux véritables amitiés.

Ces diverses publications furent plus tard réunies à
quelques autres, pour former un volume sous le titre
de *Loisirs médicaux et littéraires* (3). Le titre de ce
volume indiquait son origine ; toutes les fois que Pointe

---

(1) Le même sujet fut traité plus tard beaucoup plus complète-
ment par M. le docteur Pétrequin, chirurgien en chef dudit Hôtel-
Dieu, dans son *Hist. médic. chirurg. de l'Hôtel-Dieu.*

(2) Jean Janin de Combe-Blanche, maître en chirurgie.... membre
du Collége royal de chirurgie de Paris et de Lyon. — J.-B. Desgranges,
membre du Collége de chirurgie et de la Société de médecine de
Lyon. — C. Maléchard, chef d'escadron d'artillerie.

(3) In-8° de plus de 600 pages, Savy, lib., 1844.

faisait un voyage, il rapportait des pays qu'il avait
visités une ample moisson de notes, et en faisait profiter le public; c'est ainsi qu'il a pu nous donner une
notice sur l'hôpital de Guy, à Londres, une description
remarquable de l'asile des aliénés d'Auxerre, réorga-
nisé sur de nouvelles bases, par un élève de l'Ecole de
Lyon (1). Quelques réflexions sur l'enseignement public
en Allemagne, et spécialement sur la médecine aliéniste
de ce pays.

Trois ans s'étaient à peine écoulés depuis l'entrée
en fonction de Pointe comme médecin de l'Hôtel-Dieu,
lorsque le Gouvernement s'occupa de régulariser l'enseignement médical de Lyon. M. le Dr de Laprade fut
nommé professeur titulaire de clinique médicale(1820) et
Pointe fut désigné comme son suppléant; la préférence,
dont ces deux médecins furent alors l'objet, était fon-
dée sur ce que tous deux avaient été nommés premiers
dans les deux derniers concours de l'Hôtel-Dieu.
Dix années après, M. de Laprade s'étant démis de ses
fonctions, l'administrateur de l'Hôtel-Dieu, directeur
de l'École de médecine (2), nomma Pointe professeur

(1) M. le Dr Girard de Cailleux, parvenu depuis à la position élevée
d'Inspecteur des aliénés de la Seine.

(2) L'École de Lyon tout entière rentrait alors dans les attribu-
tions de l'administration hospitalière, et c'était comme président de
cette Administration, que le Dr Gilibert avait le titre de Directeur
de l'École.

titulaire (24 janv. 1831). A cette époque, l'Administration s'occupait fort peu des relations qui devaient
exister entre les professeurs et l'Université ; aussi, pour
faire régulariser sa position, Pointe dut-il écrire lui-
même au Ministre de l'Instruction publique. La réponse
de M. Villemain, en lui ôtant toute inquiétude, lui permit
de se livrer, sans arrière pensée, aux occupations déjà
nombreuses qui se partageaient son temps.

Médecin de la manufacture des tabacs, depuis 1825,
Pointe publia, en 1828, un opuscule sur les maladies qui
frappent le plus communément les ouvriers qui y sont
employés. En 1839, il publie son mémoire sur la grippe
de 1837, et ce mémoire lui vaut le titre de membre
correspondant de l'Académie des sciences de Turin (1).
Membre de la Société de médecine de Lyon, du Conseil
académique, il fut nommé chevalier de la Légion-d'Honneur en 1846, sans que la réalisation de ce vœu, le
plus ardent qu'il eût jamais formé, pût en aucune
façon ralentir son activité. La même année, parut
l'*Hygiène des colléges*, qu'avait précédée de deux ans
seulement l'*Histoire topographique de l'Hôtel-Dieu*.

Ses occupations se multipliaient cependant, la clientèle

(1) Les Sociétés des sciences de Strasbourg, de Mâcon, les Sociétés
de médecine de Paris, de Montpellier, de Bordeaux, de Toulouse,
de Berne, etc..... le comptaient déjà au nombre de leurs membres
correspondants.

venait à lui et il faisait, sans suppléant, son service de médecin du Lycée et la clinique de l'Hôtel-Dieu. L'activité qu'il lui fallait déployer pour suffire à tout était prodigieuse ; mais elle était dans sa nature, car jamais homme ne sut mieux que lui se plier aux èxigences de sa position. La multiplicité de la besogne le flattait au lieu de l'effrayer, et nous trouverons bientôt, dans cet amour excessif du travail, des motifs légitimes de défense, pour repousser les dénigrements qui entourèrent sa vieillesse.

Jaloux de réveiller le zèle d'une jeunesse qui désertait peu à peu les leçons d'un vieillard dont elle ne pouvait apprécier la sage expérience, il publia, en 1850, sous le titre : *De l'enseignement clinique,* un résumé des principes qui l'avaient guidé dans son professorat; cette brochure sur laquelle nous ne reviendrons pas, alors que nous apprécierons ses diverses publications, mérite cependant une mention spéciale ; c'est un exposé simple et précis des devoirs du professeur de clinique, tels que les comprenait Pointe, panégyrique de sa manière de faire si l'on veut, mais guide sûr et fidèle d'un professeur d'école préparatoire.

En 1853, paraissait la dernière et peut-être la plus sérieuse production de Pointe, *les Thermes de Weissembourg.* Cette notice, accueillie avec une faveur marquée par la Société d'Hydrologie de Paris, est le fruit d'un voyage exécuté pendant un congé nécessité par l'ébranlement de la santé de l'auteur. Si Pointe eût prolongé ce congé, et l'eût transformé en retraite, que de chagrins ne se fût-il pas épargné!

Malheureusement, il ne sut jamais se borner, et devait cruellement expier cette faute de toute sa vie! Ce qui me reste à dire n'est que l'exposé de cette expiation, si pareille expression peut être juste alors que la peine est imméritée.

En 1854, lors de la réorganisation des écoles préparatoires, un remaniement des chaires instituées dans celle de Lyon, eut lieu, et Pointe apprit par la lecture du décret de réorganisation qu'il était remplacé; la visite de condoléance qu'il reçut de son successeur fut la première confirmation officielle de sa destitution!

Quatre mois après, sur la demande de ses amis, le titre de professeur honoraire lui fut accordé comme compensation de la position qui lui avait été si brusquement enlevée : compensation bien stérile, puisque ce titre n'entraînait pas même, pour l'école à laquelle il appartenait encore, l'obligation de lui rendre les derniers hommages !

Pointe ne devait pas survivre longtemps à la privation de sa chaire de clinique; si ses leçons étaient incomplètes à l'époque où il fut remplacé, elles l'étaient à son insu; sa parole avait subi l'influence de l'âge, mais l'âge n'avait pu modifier ses habitudes laborieuses ; sans cesse préoccupé par quelques nouvelles productions , comment pouvait-il s'apercevoir que son intelligence se dérobait à l'influence de sa volonté ! L'idée fixe, prédominante chez lui, *qu'il pouvait ce qu'il voulait,* ne laissait point de place aux idées de retraite, sinon dans un avenir qu'il reculait sans cesse, aussi lui fut-il impossible d'accepter avec résignation le coup qui le frappait.

A dater de cette époque, l'élément nerveux, qui servait de base à sa frêle constitution, et qui en avait été jusqu'alors le soutien, devint pour lui une cause d'incessantes douleurs. Plusieurs fois gravement malade, il semblait soutenu par l'espérance qu'un avancement dans l'ordre impérial de la Légion-d'Honneur viendrait couronner ses longs services administratifs et universitaires; ce dernier rêve ne devait point se réaliser. Quinze jours de souffrances aiguës mirent fin à une existence si activement remplie et si cruellement agitée pendant ses dernières années. (14 février 1860).

Nous venons d'esquisser les faits les plus saillants de la vie de J.-P. Pointe ; pour le bien faire connaitre, il nous reste à l'apprécier comme homme, comme écrivain et comme professeur.

L'homme était misanthrope ; la défiance était le fond de son caractère, et il ne pouvait en être autrement. Elevé pendant la Terreur, privé par elle de tous les éléments qui entourent ordinairement la jeunese, Pointe avait dû de bonne heure apprendre à ne compter sur personne pour réaliser les projets qu'une *légitime* ambition avait fait naître en lui ; le souvenir de la place honorable occupée par sa famille constituait, pour lui, une obligation de s'en conquérir une pareille parmi ses concitoyens. Nous avons vu comment il y parvint, lentement, patiemment, mais avançant toujours, et ne se donnant ni trève ni répit avant d'être arrivé à son but. Dévoré par cette idée de progresser sans cesse, il ne connut pas le repos, car sur la fin de sa carrière, le désir de se survivre dans ses œuvres l'obligeait à en préparer une édition nouvelle, lorsque la mort est venue le surprendre.

Chose bizarre, la misanthropie était loin d'exclure chez lui les sentiments affectifs, ses premières publications en témoignent, et nous ne pouvons nous empêcher d'en citer une preuve remarquable surtout à l'époque où nous vivons. Pointe a recueilli et conservé chez lui, en l'entourant de tous les soins que réclamait son grand âge, la servante de sa mère, celle qui avait eu soin de ses premières années, et, par une prévoyance qui prouvait l'importance qu'il attachait à cet acte, il lui a assuré, après lui, des moyens d'existence qu'envierait plus d'une famille d'artisans.

Enfin, comme l'exprimait fort bien, dans un dernier adieu à son premier maître et à son ami, M. le docteur

Hygonin : « Pointe fut un homme de bien, quoique doué
« d'un caractère irascible et difficile ; mais cette diffi-
« culté de caractère plutôt apparente que réelle, ne
« l'empêchait point de s'attacher à qui savait le com-
« prendre, et ses élans affectueux n'en étaient que plus
« méritoires.... »

Comme écrivain, Pointe a utilisé toutes les positions
qu'il a occupées ; son passage à l'Hôtel-Dieu comme
médecin d'hôpital, a été marqué par deux publications,
sa *Notice sur les anciens médecins de l'Hôtel-Dieu* et
l'Histoire du grand Hôtel-Dieu, lui-même. Si le premier de ces deux ouvrages a été dépassé, le deuxième
reste encore comme le type de la description exacte du
plus grand établissement hospitalier de France ; véritable
monument typographique (1) élevé au sanctuaire médical dans lequel s'était passée la plus grande partie
de sa vie, édité avec un luxe , que ne justifiait aucune
espérance de lucre, mais seulement une légitime satis-
faction d'amour-propre.

Médecin du collége royal, il a publié sous le titre
d'*Hygiène des Colléges*, une monographie du Lycée de

(1) Grand in-8º, édition de luxe, ornée de plan et gravures. —
1842, chez Savy, à Lyon.

Lyon. Là, plus que dans aucune autre de ses publications, se révèle la fibre chatouilleuse du Lyonnais; le Lycée de Lyon est pour lui le Lycée modèle; il s'en fait le champion, relevant partout où il en trouve l'occasion, les allégations capables de nuire à l'établissement dont le service sanitaire lui est confié, et terminant par un travail de statistique médicale, qui démontre victorieusement l'excellence du régime et des habitudes de la maison.

Médecin de la Manufacture des tabacs, il a publié, sur les maladies des ouvriers qui y sont employés, une brochure à la révision de laquelle il a travaillé toute sa vie, espérant pouvoir y ajouter des conclusions, que rendait nécessaire la controverse qu'elle souleva lors de son apparition.

Médecin praticien, il n'a laissé échapper aucune occasion de communiquer à ses confrères les faits saillants qu'une nombreuse clientèle et un service hospitalier lui permettaient d'observer ; je citerai, à ce propos, son mémoire sur le traitement des calculs par l'opium et la belladone, ses conseils pour les temps de choléra, etc.

La plume de Pointe s'est consacrée à tous ceux de ses amis qui l'ont précédé dans la tombe, et si l'un d'eux a été en apparence oublié, il le doit au désir formellement exprimé par sa famille.

En somme, peu de médecins ont autant écrit que

Pointe et sur des sujets aussi divers. On lui a fait un crime de cette diversité sans s'enquérir s'il n'y était pas entraîné par une tournure d'esprit spéciale !

Homme de détails avant tout, le professeur Pointe apportait dans l'observation des malades une minutie et un soin remarquables. L'analyse lui était plus familière que la synthèse ; aussi , montra-t-il toujours une certaine répugnance pour les leçons cliniques faites loin du lit du malade ; ainsi doit s'expliquer la rareté de ses conférences qui plus tard servit d'arme contre lui. Bien que la pensée de raviver une discussion éteinte avant l'homme qui en fut l'objet, soit loin de nous, il nous est cependant permis de dire, à nous qui en fûmes le témoin, que la méthode analytique de Pointe était certainement préférable à telle méthode synthétique, souvent trop philosophique pour l'esprit et l'intelligence des élèves appelés à suivre les cours d'une école secondaire.

Pointe ne voyait qu'un petit nombre de faits à la fois ; mais il en étudiait les phénomènes sous toutes les faces, y revenait souvent et ne les abandonnait que lorsqu'il en avait tiré tout le parti possible. La patience avec laquelle il notait les effets des médicaments sur lesquels il voulait diriger l'attention de ses auditeurs était inouïe, et ses anciens élèves se souviennent encore de ses expérimentations sur le sous-nitrate de Bismuth, alors qu'il était rappelé au souvenir du monde médical ; les études de Pointe ont été pour beaucoup dans la faveur que ce médicament conquit si rapidement ; un des premiers il démontra son innocuité à haute dose et les précieux services qu'il pouvait rendre.

« S'il n'était point doué des qualités du professeur disert, il avait du moins le mérite d'éloigner l'esprit de ses élèves des abus de la polypharmacie, de l'engoûment irréfléchi pour des remèdes qui ne doivent avoir qu'une vogue éphémère, et du fâcheux enthousiasme qu'engendrent souvent des systèmes trop exclusifs. Il était calme, froid, méditatif et inspirait à ses disciples la réserve et la circonspection que commmande l'art de guérir, qui est l'art de bien observer. Le doute méthodique était sa devise ; son esprit sceptique et railleur refrénait les entraînements d'une jeunesse impatiente qui trouvait en lui son contre-poids (1). »

Que de succès ne dut-il pas au régime et au soin tout particulier qu'il apportait dans sa prescription ! Si l'expectation était sa méthode favorite, si sa confiance dans la nature médicatrice était grande, c'est

(1) Extrait du discours prononcé par M. le docteur Pétrequin, président de la Société de médecine, sur la tombe de Pointe (*Gaz. méd. de Lyon*, 1er mars 1860).

qu'il savait (ce fait ne peut être contesté) mieux que personne mettre la nature à l'aise, et aider aux évolutions de l'acte morbide par une hygiène bien entendue!

En un mot, le professeur Pointe a droit à notre estime par l'abnégation qui le porta à renoncer à de plus brillants succès pour s'astreindre aux répétitions élémentaires qui constituaient son cours ; il mérite des éloges lorsqu'on l'envisage au point de vue pratique, ne perdant aucun des instants que lui laissait sa clientèle, et cherchant à faire profiter non seulement ses contemporains, mais encore la génération suivante de ses observations. Si beaucoup de ses émules ont brillé d'un plus vif éclat, du moins pouvons-nous dire qu'il gardera une place honorable et incontestée parmi les travailleurs d'élite qui ont illustré notre cité.

www.ingramcontent.com/pod-product-compliance
Lightning Source LLC
LaVergne TN
LVHW020413060726
842525LV00006B/2038